少年儿童百科全书

繁忙的交通

（英）尼古拉斯·哈里斯　著

徐淑玉　译

单亚拿　审校

辽宁科学技术出版社

·沈阳·

目录 Contents

这本书应该怎么看？

每两页有一个简介，用来介绍主题大意，紧接着是关键词。如果想要了解关于主题更多的内容，可以阅读"你知道吗"部分，或者按照箭头指示阅读相关条目。

简介： 这部分是关于主题的简要介绍和一些基础知识。

箭头： 延伸阅读，如果你想了解更多，请直接翻到箭头所指的那页。例如（➡26）表示向后翻到第26页。（◀6）表示向前翻到第6页。

你知道吗： 向小读者介绍更多有趣的知识点。

船舶的历史 Story of Ships

最初的船舶是把原木、芦苇或兽皮绑在一起敲成的，推入河床之后用桨或撑杆驱动航行。帆船最初出现在大约6000年前。经过了几个世纪，船变得越来越大，后来，造船者们开始安装船帆，使船能更有效地乘风航行。最早的蒸汽动力船出现在19世纪。到20世纪初，大型的蒸汽动力船运载着世界上大部分的货物，但是到20世纪中期，柴油动力船开始代替蒸汽动力船。

早期的明轮船，它的烟囱也兼当船帆的桅杆。

驳船〔Brage〕： 是指长长的平底船，用于在河流和运河里运输货物。早期的驳船由河边道路上行进的马来牵引。现代的驳船是自带动力的或者被（➡7）拖船拖行航行。

三桅帆船〔Barque〕： 是指古18世纪用来运载货物的远洋帆船。尽管体积比较大，但是它可以由船员操控运行。史上最大的三桅帆船是"法兰西"2号，建造于1911年。

战舰〔Battleship〕： 是大型的、配有枪和导弹的船舶。最早见于19世纪的蒸汽动力战舰。

轻快帆船〔Caravel〕： 是指又轻又快的船，船身很浅，用于运载货物。它是由葡萄牙人在15世纪建造的。

一位美国土著人在制造独木舟

大帆船〔Carrack〕： 是指宽敞的远洋帆船，建造于15世纪的欧洲。大帆船有3或4根桅杆，船身有正方形的和三角形的船帆。

快速帆船〔Clipper〕： 是指19世纪航行速度很快的船，流线型船体，用于运载茶和香料这样的货物。

小圆舟〔Coracle〕： 是指传统的、只载一人的钓鱼船，船身是由芦苇或木材制作。用桨划行，很轻，所以很容易操控。

三角帆船〔Dhow〕： 是传统的阿拉伯帆船，装有一个或多个三角形船帆。

早期的帆船
公元前480年希腊的3层桨座战船
（右）15世纪中国的平底帆船
（右）15世纪弗兰德人的大帆船
（左）公元前1400年的埃及战船
15世纪西班牙人的轻快帆船
17世纪西班牙人的大型帆船
（左）公元900年北欧海盗的长船
（左）公元900年腓尼基人的船

"泰坦尼克"号

独木舟〔Dugout canoe〕： 是指通过挖空树干建成的简单小船，划桨驱动。独木舟是世界上最古老的船。

大型帆船〔Galleon〕： 是指带有方形船帆、至少两个甲板、装备有大炮的船只。在16—18世纪间，大型船舶被欧洲人用于战争和贸易。

单层甲板大帆船〔Galley〕： 是指古希腊人和罗马人使用的又长又细的船。有时它被安装上船帆，但是当被用来攻击敌船时，会在船头安装锋利的撞击装置。

中国平底帆船〔Junk〕： 是指传统的中国小船，硬帆是用竹竿加固的，控制方向的舵位于船尾部。船体是由加固隔层的木质隔板分隔的。当水非常浅时可以减缓脱锁的速度。

克诺尔船〔Knarr〕： 是指约1200年前北欧海盗用的浅底帆船。它的船身是由方格交叠的松结的木板做成，克诺尔船曾被维京人用来进行贸易，后来用于北大西洋探险。

"法兰西"号，曾经是最大的帆船，它的船体是钢制的，有147米长

长船〔古时北欧维京人用的船〕〔Longship〕： 是指快速细长的船，用来运载北欧维京人的士兵作战。船是通过方形船帆和船桨划行时使用桨来驱动的。船首被雕刻成龙头的形状。

明轮船〔Paddle Steamer〕： 是指由蒸汽发动机带动桨轮驱动行进的船，发动机安装在船体的两侧。第一艘商业明轮船是由美国人罗伯特·富尔顿（1765—1815）在1807年建造的。

"大不列颠"号汽船〔SS Great Britain〕： 是指一艘客运汽轮船，由英国工程师伊桑巴德·金德姆·布鲁内尔（1806—1859）在1843年设计的。是世界上第一艘由螺旋桨（➡7）推动的远洋航行铁壳船。

"大东方"号汽船〔SS Great Eastern〕： 是指在1858年由伊桑巴德·金德姆·布鲁内尔（1806—1859）建造的铁壳明轮船。能乘载4000名乘客，当时是世界上最大的船。

汽船〔Steamship〕： 是指用蒸汽发动机来驱动桨动船只行进的船。早期的汽船也兼备帆船，因为它们无法携带足够的煤炭来长期航行，而且它们的发动机并不可靠。

"泰坦尼克"号〔Titanic〕： 一般由英壳驱动的远洋定期客船，在1912年的首次航行中撞上冰山后沉没。在那次事件中，有1500人失去了生命。

3层桨座战舰〔Trireme〕： 是指古希腊人、罗马人和腓尼基人使用的战舰，由船帆和3排桨共同推进。

停在港口的战舰

关键词和条目： 带颜色的关键词是这一主题中小读者应该了解的知识点，后面的文字是对这个词语的详细解释。

页码： 让小读者轻易找到自己想看的那页。

你知道吗

★ 大约在公元前8000年，独木舟出现。

★ 大约在公元前3500年，古埃及人第一次建造了帆船。

★ 大约在公元前700年，3层桨座战船出现。

★ 大约在公元前200年，中国建造了第一艘中国平底帆船。

★ 大约在公元前1000年，北欧海盗乘克诺尔船穿越大西洋。

★ 大约在公元1450年，大帆船出现。

★ 大约在公元1500年，欧洲人建造了大型帆船。

★ 1807年，美国建造了第一艘有用明轮船。

★ 1839年，第一艘带螺旋桨（➡7）的汽船出现。

船舶的历史 Story of Ships

最初的船舶是把原木、芦苇或兽皮绑在一起做成的，推入河床之后用桨或撑杆驱动前行。帆船最初出现在大约6 000年前。经过了几个世纪，船变得越来越大，后来，造船者们开始安装船帆，使船能更有效地乘风航行。最早的蒸汽动力船出现在19世纪。到20世纪初，大型的蒸汽船运载着世界上大部分的货物，但是到20世纪中期，柴油动力船开始代替蒸汽动力船。

早期的明轮船，它的烟囱还充当船帆的桅杆

一位美国土著人在制造独木舟

驳船（Brage）： 是指长长的平底船，用于在河流和运河里运输货物。早期的驳船由河边道路上行进的马来牵引。现代的驳船是自带动力的或者由拖船（➡7）拖拉航行。

三桅帆船（Barque）： 是指在18世纪用来运载货物的远洋帆船。尽管它的体积很大，但是它可以由船员操控运行。史上最大的三桅帆船是"法兰西"2号，建造于1911年。

战舰（Battleship）： 是指大型的、配有枪和导弹的船舶。最早见于19世纪的蒸汽动力战舰。

轻快帆船（Caravel）： 是指又轻又快的船，船身很深，用于运载货物。它是由葡萄牙人在15世纪建造的。

"大东方"号燃煤蒸汽帆船客轮

大帆船（Carrack）： 是指宽敞的远洋帆船，建造于15世纪的欧洲。大帆船有3或4根桅杆，兼有正方形和三角形的船帆。

快速帆船（Clipper）： 是指19世纪航行速度很快的船，流线型船体，用于运载茶和香料这样的货物。

小圆舟（Coracle）： 是指传统的、只载一人的钓鱼船，船身是由芦苇或木材制作。用桨划行，很轻，所以很容易操控。

三角帆船（Dhow）： 是指传统的阿拉伯帆船，装有一个或多个三角形船帆。

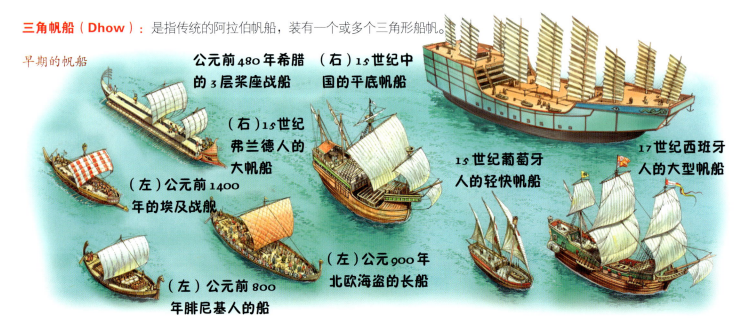

早期的帆船

公元前480年希腊的3层桨座战船

（右）15世纪中国的平底帆船

（右）15世纪弗兰德人的大帆船

（左）公元前1400年的埃及战舰

15世纪葡萄牙人的轻快帆船

17世纪西班牙人的大型帆船

（左）公元900年北欧海盗的长船

（左）公元前800年腓尼基人的船

"泰坦尼克"号

独木舟（Dugout canoe）：是指通过挖空树干建成的简单小船，划桨驱动。独木舟是世界上已知最古老的船。

大型帆船（Galleon）：是指带有方形船帆、至少两个甲板上装备有大炮的船只。在16—18世纪间，大型帆船被欧洲人用于战争和贸易。

单层甲板大帆船（Galley）：是指古希腊人和罗马人使用的又长又细的船。有时它被安装上船帆，但是当被用来攻击敌船时，会在船头安装锋利的撞击装置。

"法兰西"2号，曾经是最大的帆船。它的船体是钢制的，有147米长

中国平底帆船（Junk）：是指传统的中国小船，硬帆是用竹竿加固的，控制方向的舵位于船尾部。船体装有加固船只的水密隔舱，当发生意外时可以减缓船只下沉的速度。

克诺尔船（Knarr）：是指约1200年前北欧海盗使用的浅底帆船。它的船身是由互相交叠的烧结的木板建成。克诺尔船最初主要用来进行贸易，后来用于北大西洋探险。

长船（古时北欧维京人用的船）（Longship）：是指快速细长的船，用来运载北欧维京的勇士们去作战。船是通过方形船帆和船桨同时使用来驱动的。船首被雕刻成龙头的形状。

明轮船（Paddle Steamer）：是指由蒸汽发动机带动桨轮行驶的船，发动机安装在船体的两侧，第一艘商业明轮船是由美国人罗伯特·富尔顿（1765—1815）在1807年建造的。

"大不列颠"号汽船（SS Great Britain）：是指一艘客运汽船，由英国工程师伊桑巴德·金德姆·布鲁内尔（1806—1859）在1843年设计的。是世界上第一艘由螺旋桨（➡7）推动的远洋航行铁壳船。

"大东方"号汽船（SS Great Eastern）：是指在1858年由伊桑巴德·金德姆·布鲁内尔（1806—1859）建造的铁壳明轮船。能装载4 000名乘客，当时是世界上最大的船。

汽船（Steamship）：是指用蒸汽发动机带动桨轮驱动船只行进的船。早期的汽船也装有船帆，因为它们无法携带足够的煤炭长期航行，而且它们的发动机并不可靠。

"泰坦尼克"号（Titanic）：一艘由蒸汽驱动的远洋定期客轮，在1912年的首次航行中撞上冰山后沉没。在那次事件中，有1500人失去了生命。

3层桨座战舰（Trireme）：是指古希腊人、罗马人和腓尼基人使用的战舰，由船帆和3排桨共同推进。

停在港口的战舰

海船和潜艇 Ships & Submarines

海船是指航行于海洋上的、运载旅客和货物的大型船。河船是指比较小的船，主要在河流和运河或者在海岸水域航行的船。潜水艇是指能潜入水下航行的船。许多船舶由柴油发动机（➡14）驱动螺旋桨提供航行的动力。船舶根据它们所做的工作被分成不同类别，包括像挖泥船和货船这样的商船、军舰和渔船及游船。

航空母舰使得15世纪的大帆船相形见绌

"大公主"号豪华游轮（左）配有游泳池、酒吧和高尔夫球场

航空母舰（Aircraft Carrier）：是指大型的军舰，带有供飞机升降的主甲板。飞机被停放在甲板下面的飞机库里。

压载水舱（Ballast Tank）：是指安装在船体低处的分隔空间，空着或充满水。压载水舱装满水可以使船只更深地下沉水中并变得平稳。在潜水艇里，压载水舱充满水可以使它潜入水中，排空水使它浮出水面。

艏（Bow）：是指船的前部，也被称为船头。在许多船上，船头是尖形的。

船桥（Bridge）：是指上甲板的前高处，是船员们驾驶和指挥船只航行的驾驶舱。

货轮（Cargo Ship）：是指大型的船舶，又称货船，是用来运输货物的。

双体船（Catamaran）：是指有两个船体的船，通过一个或多个甲板相连，用来参加比赛。一些双体船上安装了船帆，较大的双体船使用柴油发动机，被用作高速渡船。

集装箱运货船（Container Ship）：是指运载货物的海船，用被称作集装箱的大型金属箱装货。在港口，人们用吊车来装载或卸载货物。

大型游轮（Cruise Ship）：是指为假日巡游设计的大型客轮。

甲板（Deck）：是指船舶上的水平地板。

"澳大利亚精神"号

挖泥船（Dredger）：是指用来挖掘海底沉积物的船，目的是保持水道足够深，以便船舶能够通行。

渡船（Ferry）：是指搭载汽车和旅客越过短途水域的船。

气垫船（Hovercraft）：是指利用高压空气在船底和水面间形成气垫，使船体全部或部分抬升从而实现高速航行的船。气垫是用（大功率）鼓风机将空气压入船底下，然后由船底周围的柔性围裙或刚性侧壁等气封装置限制其逸出而形成的。

船体（Hull）：是指位于水中的船身部分。

水翼艇（Hydrofoil）：是指一种快艇，装有像翅膀一样的装置。当船前行时，翅膀结构能产生抬升力。这能使船体升高浮出水面，减少水的阻力。

水上滑艇（Hydroplane）：是指快速的流线型船，装有两个发射装置，能把船体推出海面，螺旋桨被完全遮掩。被称为"澳大利亚精神"号的水上滑艇拥有每小时511千米的水上滑行速度纪录。

6

无线电和雷达天线杆

船桥

船员舱

发动机

船体

甲板

螺旋桨

拖船示意图

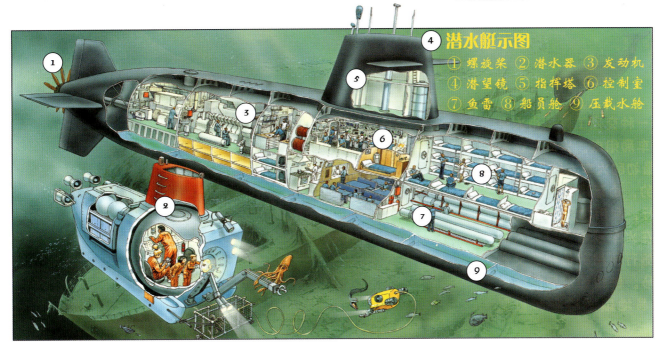

潜水艇示图
① 螺旋桨 ② 潜水器 ③ 发动机
④ 潜望镜 ⑤ 指挥塔 ⑥ 控制室
⑦ 鱼雷 ⑧ 船员舱 ⑨ 压载水舱

双体船

龙骨（Keel）：是指沿着船体底部，从船首到船尾安装的支撑梁。

救生船（Lifeboat）：是指可放在较大船上的紧急备用小船，或者指从港口出发救援其他船只的船。

远洋客轮（Ocean Liner）：是指用于远洋航行的大型船舶。建造远洋邮轮是为了抵御波涛汹涌的大海和提供豪华的船上住所。

潜望镜（Periscope）：是指潜水艇上利用反光镜观察周围环境的装置。船员们用潜望镜可以不浮出水面就能观察到水面上的情况。

左舷（Port）：当面向船艉（或船头）的时候，船的左边是左舷。

快艇（Powerboat）：是指配有尖利的船艏和大马力发动机的快速船。船体高速掠过水面。

船舵（Rudder）：是指安装在船尾水下，用铰链连接的叶状装置。当它旋转时，作用于叶片装置上的流体动力能改变船的方向。

帆船（Sailing Ship）：是指装有布帆，靠风力提供动力的船只。在船上按一定角度安装布帆兜风，带动船只航行。这些船帆被安装在一个或多个叫作桅杆的结构上。

螺旋桨（Screw Propeller）：是指由弧形旋转叶片构成的装置。当叶片快速旋转时，水被吸入叶片周围后又被推出，这样就能驱动船前进。

右舷（Starboard）：当面向船艉（或船头）的时候，船的右边是右舷。

船尾（Stern）：是指船的后部，又被称作艉。

潜艇（Submarine）：是指在水下航行的船。潜艇利用压载水舱的水位变化来潜入水中或浮出水面。大型远洋航行的潜艇是核能驱动的，比较小的潜艇有电动机，由电池提供动力。在水面上航行时，则由柴油发动机提供动力。

深潜器（Submersible）：是指小型的潜艇，用于海洋深处的研究或执行水下修理任务。

油轮（Tanker）：一种大型船舶，用来运输像石油或化工产品这样的液体。最大的油轮长达450米。

拖网渔船（Trawler）：是指在船后面拖曳大渔网的船。

拖船（Tugboat）：是指小型大马力船，用来推、拖其他大型船只，调遣它们进出港口和码头。

游艇（Yacht）：是指一种帆船，用来娱乐或运动。大型游艇配有豪华生活区。

你知道吗

★ 第一艘成功的潜艇"海龟"号是1776年在美国研发的，在美国独立战争中它被用来抵抗英国战舰。

★ 大型的集装箱运货船一次能运载15 000个集装箱。

★ 大约90%的工业产品是通过船舶运输的，而且大多是集装箱运货船。

★ 有史以来最长的船是叫作"海上巨人"号的超大型原油运输船。后来，又被重新命名为"诺克·耐维斯"号。船长458米，2009年12月被废弃。

赛艇

蒸汽火车 Steam Trains

火车是一种交通工具，由火车头和车厢组成。火车在铁道上行驶。最初的火车大约是在200年前发明的，由蒸汽驱动的火车头带动前行，利用加压的蒸汽产生能量。在火车发明之前，人们在陆地上旅行所用的最快的交通方式是骑马。铁路的发展能够更快、更容易地输送旅客和重型货物。

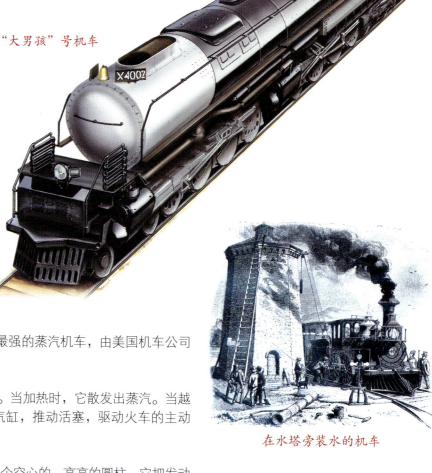

"大男孩"号机车

"大男孩"号机车（"Big Boy" Locomotives）：是指20世纪40年代在美国建造的一种蒸汽机车。机车长40米，重600吨，是人类建造的最大、最重、动力最强的蒸汽机车，由美国机车公司（ALCO）与联合太平洋公司（UP）联合制造。

锅炉（Boiler）：是带有贮存箱的能量转换设备。当加热时，它散发出蒸汽。当越来越多的蒸汽聚集，压力增加，压力会作用于汽缸，推动活塞，驱动火车的主动轮。

在水塔旁装水的机车

烟囱（Chimney）：是指位于蒸汽机车前面的一个空心的、高高的圆柱。它把发动机里发出的烟和汽缸里的蒸汽排到空气中。

驱动轮（Driving Wheels）：是指驱动火车头前进的车轮。发动机里的活塞滑动，通过曲柄连杆系统使火车车轮转动。

燃烧室（Firebox）：是指用来燃烧煤给锅炉加热的地方。司炉（即烧火工人）往燃烧室里运送煤。

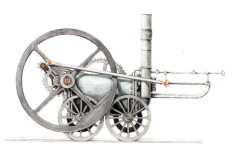

特雷维西克的机车（上）
斯蒂芬森的火箭发动机（下）

轨距（Gauge）：是指组成铁路轨道的两轨之间的距离。

机车（火车头）（Locomotive）：是指能自我驱动的装置，放在火车前面或后面，用来拖拉或推动火车。

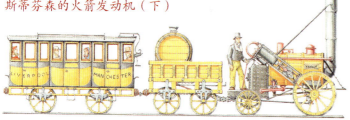

"野鸭"号机车（Mallard）：是指1938年建造的有史以来最快的蒸汽机车，它创造的最高速度纪录是201千米/小时。

一辆典型的19世纪后期的美国机车（下），在机车的前面有一个清障器

山区铁道（Mountain Railway）：是指在山坡上建成的铁路。一些非常险峻的铁路被称为齿条和齿轮铁路，它们装有齿轮形状的轮子，紧紧抓住铁轨之间的齿轨。

窄轨铁路（Narrow-gauge Railway）：是指轨距小于1.5米的铁路。和标准轨距的铁路相比，窄轨铁路能收紧弯曲，比如在绕山坡行驶时需要收紧弯曲。或者能通过狭窄的隧道，比如矿井里的狭窄隧道。

清障器（Pilot）： 又称"排障器"。是指安装在火车头前面的一种装置，用于清除铁路轨道上的障碍物。

"火箭"机车（Rocket）： 是指由乔治·斯蒂芬森建造的蒸汽机车。1829年，"火箭"机车在最快蒸汽机车比赛中获胜。它的速度为47千米/小时。它的设计被后来所有蒸汽机车采用。

大吉岭喜马拉雅铁路是至今仍然由蒸汽机车驱动的窄轨铁路

蒸汽机车上的司炉工在给机车的燃烧室填补燃料

信号（Signal）： 是指设在铁路线旁边的一种装置，向火车司机指示前面的铁轨是否能通行。早期的铁路信号使用机械臂，现代的铁路信号大多用计算机控制。

乔治·斯蒂芬森（George Stephen-son）（1781—1848）： 是英国工程师，他建造了第一条蒸汽机车使用的公共铁路线。他所使用的轨距是现在的"标准轨距"，世界上60%的铁路用这样的轨距。

史托顿和达灵顿铁路（Stockton and Darlington Railway）： 是指第一条蒸汽客运铁路，1825年在英国开通。行驶的列车是由"火箭"蒸汽机车驱动前行的。

自动加煤机（Stoker）： 是指用于给发动机燃烧室提供煤的机器。有一些自动加煤机每小时能运送差不多22吨的煤。

理查德·特雷维西克（Richard Trevithick）（1771—1833）： 是英国工程师，1804年，他建造了第一台由蒸汽发动机驱动的机车。特雷维西克的机车被钢铁厂用作拖曳搬运车。它能拖曳10吨的铁。

水塔（Water Tower）： 是指一种大型水箱。蒸汽机车在行驶过程中，不断损失蒸汽，消耗水分，这样蒸汽机车就需要从水塔那里补充水源。水塔被安置在停车的地方或火车站的铁轨旁边。

你知道吗

★ 世界上最陡峭的山区铁道在瑞士。其最陡峭地方的坡度是48°。

★ 蒸汽发动机至少需要3小时才能积聚足够的压力驱动车轮，带动火车行驶。

★ 最早的蒸汽客运火车是改装的四轮马车。富有的旅客坐在相对舒服的火车车厢里面，而比较穷的旅客坐在火车车厢顶部的外面，被笼罩在车烟里，饱受烟熏之苦。

★ 蒸汽机车的工作人员不断地用铁锹把煤送进燃烧炉，在这样艰苦工作的一天结束后，回家之前，他们经常会擦亮铁锹，然后在上面烹饪晚餐。

"野鸭"号

烟囱　汽缸　锅炉　火炉　驱动轮

现代火车 Modern Trains

一条缆索铁路

现代机车主要有两种：电力机车和柴油电力机车。最快的火车是用电力驱动的，例如：法国巴黎至里昂的高速铁路。现在，许多大城市都有电力驱动的地下铁路网（简称地铁网），可以连接城市的不同地区。地面上火车通常在双轨上运行，但有一些特别的火车有专门设计的轨道，例如：磁悬浮火车和单轨火车。

德国西部城市伍珀塔尔的单轨悬挂式火车，是世界上最快的电动悬浮单轨火车。

转向架（Bogie）： 是指安装在客车、货车或机车下面的一个独立部件，每组转向架有2或3条车轴。它能够减小震动和冲击，使列车能灵活地通过弯道。

柴油电力机车（Diesel-electric Locomotive）： 指一种现代火车，由电动机驱动车轮，但电力是由柴油发动机产生的。因为这种火车是自己提供电力，所以它能在任何轨道上运行。

电力机车（Electric Locomotive）： 是指一种现代机车，由电动机驱动车轮，每一对车轮配有一个电动机。电力是由高架电缆或者电动机车的输电轨提供的。

货运列车（Freight Train）： 是指由机车牵引，在铁路线上运货的火车。货运列车能在陆地上远距离地运送大量货物。铁路货运要比公路货运或航空货运更便宜。

缆索铁路（Funicular Railway）： 是指攀登陡坡的铁路线。缆车车厢与一条沿着斜坡爬上、爬下的缆绳相连。当缆绳沿着线路终端的皮带轮绕行时，下行车厢的重量就会带动上行车厢上升。

城际快车（Intercity-Express ICE）： 是指运行于德国和其邻国间的、高速的、电动的列车运行服务。流线型城际快车的行驶速度可达300千米/小时，只在大城市停留。

磁悬浮火车（Maglev Train）： 是指通过磁力悬浮来驱动的火车。安装在铁轨上的强大磁铁推动火车上的磁铁向前，从而带动悬浮在铁轨上的火车不断前行。因为摩擦小，所以磁悬浮火车能够以很高的速度运行。

单轨火车（Monorail）： 是指在单行铁轨上运行的火车，既可以在正常的铁轨上运行，也可以悬浮在桥梁或其他建筑下面的铁轨下运行。几乎所有的单轨火车都是由输电轨提供电能的。

东方快车（Orient Express）： 是指欧洲的长途列车，最初从巴黎启程到伊斯坦布尔。这条铁路是在1883年开始运行的，为乘客提供一流的豪华列车服务。如今，这条铁路的部分路段还在运营。

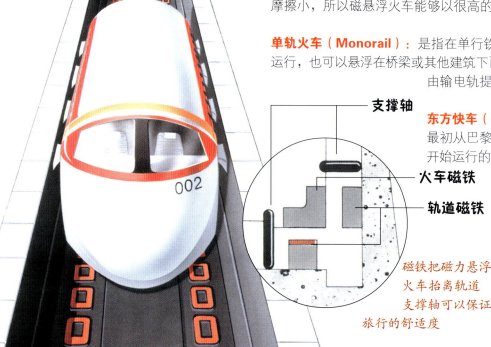

磁悬浮火车

支撑轴

火车磁铁

轨道磁铁

磁铁把磁力悬浮火车抬离轨道支撑轴可以保证旅行的舒适度

002

西伯利亚特快列车

辅助供电系统（提
供电能、取暖等）

电源箱（用来控制电力输送
到每一台发动机的电量）

受电弓

高架电线

主变压器

驾驶室

冷却设备（保持电源
箱处于冷却状态）

动力转向架

悬架

餐车

厢顶行李架

站台

高速火车内部

受电弓（Pantograph）：安装在火车头上面的一个装置，用来接收来自高架电缆的电能，供机车电动机使用。它用电子电路控制输送到发动机的电流。

快轨列车

客运火车（Passenger Train）：是指专门设计用来运送旅客的铁路运输。客运火车设有座位、行李储存的地方、盥洗室和餐车。

高速交通（Rapid Transit）：是指一种客运火车，又称地下铁道或地铁，连接城市的各个地区。地铁经常在城市中心大街地面下方运行，而在郊区则在地面上运行。所有的地铁都是电力驱动的。

新干线（Shinkansen）：是指日本的高速列车，又被称作"子弹列车"，运行速度可达300千米/小时。新干线的列车车厢有增压设计，因此乘客感觉不到列车高速通过隧道时的压迫感。

调车机车（Shunter）：是指专门用来推动其他列车作业的小型机车，例如：调动其他列车换轨道。

高速列车（Train à Grande Vitesse，TGV）：是指法国的电动高速机车。在中国的CIT500列车之前（605千米/小时），它一直保持着轮动列车最高速度575千米/小时的纪录。

有轨电车（Tram）：是指在城市街道上运行的电动轨道车辆。

有轨电车

西伯利亚特快列车（Trans-Siberian Express）：是世界上最长的列车运输，从莫斯科到符拉迪沃斯托克，行程全长9 297千米。整个旅程行期大约8天。

你知道吗

★ 世界上的铁路线总长118.7万千米。如果把它们连接起来，可绕地球30多圈。

★ 迄今为止最重的火车是2001年在澳大利亚建造的货运列车。长7.3千米，重95 000吨。

★ 世界上最长的直线铁路建在澳大利亚南部努拉伯平原上，长478千米。

★ 世界上最大的火车站是纽约的中央火车站，有44个站台，每天有500多万人通过中央车站。

汽车的历史 Story of Cars

机动车

福特 T 型汽车

35马力
梅赛德斯汽车

大众"甲壳虫"汽车

第一辆机动汽车——蒸汽动力车建造之前的5000多年间，人们一直使用马车。汽车时代真正开始于19世纪晚期，那时诞生了内燃机（➡15）。早期的汽车很难驾驶，而且是纯手工制造，价钱昂贵。20世纪早期，廉价的批量生产的汽车开始推广，很快使驾驶汽车成为热门活动。

自动变速箱（Automatic Gearbox）：是指能根据车速自动改变传动装置的齿轮箱（➡14）。第一辆装有自动变速箱的、批量生产的汽车是1938年建造的奥兹莫比尔液压自动传动汽车。

卡尔·本茨（Karl·Benz）（1844—1929）：德国工程师，1885年制造了第一辆汽油动力汽车。本茨和戈特利布·戴姆勒在19世纪90年代开始制造和销售汽车。

伯恩沙克（Boneshaker）：是第一辆铁制老式自行车，1861年由法国人皮埃尔·米肖制造。1870年，英国人詹姆斯·史达雷设计了一款前轮大后轮小的自行车，被称作"佩妮法辛"，用其巨大的前轮命名。

柯诺特的蒸汽汽车

柯诺特汽车（Cugnot's Steam Carriage）：是指1769年由尼古拉斯·柯诺特建造的第一辆机动汽车。它使用加压蒸汽的能量推动发动机的滑行活塞，通过连接杆带动车轮运行。

戈特利布·戴姆勒（Gottlieb Daimler）（1834—1900）：德国工程师，制造了第一辆摩托车，并和威廉·迈巴赫共同研发了第一台汽油动力发动机。

戴姆勒的汽油驱动摩托车（Daimler Reitwagen）：是第一辆摩托车，由安装在木制框架上的一台汽油发动机驱动。这辆摩托车是由戈特利布·戴姆勒和威廉·迈巴赫在1885年制造的。

鲁道夫·狄塞尔（Rudolf Deisel）（1858—1913）：是德国发明家，柴油发动机的发明者。柴油发动机是利用压力加热和燃烧燃料的内燃发动机（➡15）。

电动汽车（Electric Car）：是指装有电瓶的汽车，电瓶用来给电动机提供电力。它是通过给电瓶充电来"加燃料"的。第一辆电动汽车诞生于1881年。

福特T型汽车（Ford Model T）：是第一辆物美价廉并大批量生产的汽车。在生产线上，每个工人加装不同部件，由一组工人装配大量的汽车。福特T型汽车1908—1927年都活跃在生产线上。

一级方程式赛车（Formula One）：是指继国际汽车大奖赛之后，1947年开始的赛车比赛。所使用的汽车在技术上是世界最先进的。

国际汽车大奖赛（Grand Prix）：是指1901年在法国街道上举行的国际汽车比赛。大奖赛促进了汽车的技术进步。

查尔斯·凯特灵（Charles Kettering）（1876—1958）：是美国发明家，他发明了汽油发动机电动点火装置、悬架（➡15）和四轮制动器。

混合动力车（Hybrid Car）：是指由内燃机和电动机两者提供动力的汽车。第一辆混合动力车是在1900年制造的。

麦克米伦·柯克帕特里克（Macmillan Kirkpatrick）（1812—1878）：是苏格兰的铁匠，1839年，他发明了第一辆脚踏自行车。

35马力梅赛德斯汽车（Mercedes 35 hp）：是指由戴姆勒公司在1901年制造的第一辆现代汽车。它是第一辆拥有强大汽油动力发动机、轮胎、齿轮和方向盘的汽车。

早期没有脚踏板的自行车

"佩妮法辛"，即前轮大后轮小的自行车（右）

现代赛车（左）

戴姆勒的汽油驱动摩托车

现代摩托车

20世纪30年代的消防部门专用的摩托车

机动车（Motorwagen）： 是指第一辆用发动机驱动的汽车（不像早期的汽车那样，由自行车或四轮马车改装而来）。三轮汽车是由卡尔·本茨在1885年制造的。

尼古拉斯·奥托（Nikolaus Otto）（1832—1891）： 德国发明家。1876年，他发明了第一台四冲程内燃机（➡15）。

潘哈德和勒瓦索（Panhard et Levassor）： 是世界上最早的汽车制造厂，由雷纳·潘哈德与埃米尔·勒瓦索在1890年组建于法国。他们制造了第一台发动机前置的汽车，以及用方向盘代替操纵杆的汽车。

"喷汽魔鬼"号（Ruffing Devil）： 绰号"喷汽魔鬼"蒸汽汽车，是1801年由英国工程师理查德·特雷维西克（◄9）制造的第一台四轮蒸汽汽车。

过去的陆地速度纪录保持者

"快乐"号（La Jamais Contente）电动汽车，1899年，速度为105.88千米/小时

"莫尔斯"(Mors)内燃机汽车，1902年，速度为124.1千米/小时

"闪电奔驰"（BlitzenBenz）内燃机汽车，1909年，速度为202.7千米/小时

"蓝色火焰"（Blueflame）的火箭发动机汽车，1970年，速度为1 014.5千米/小时

"风火机"（Pyréolophore）内燃机： 是指1807年由法国兄弟克劳德和尼舍弗朗·尼埃普斯制造的第一台内燃机（➡15）。

"美国精神"号（Spirit of America）： 是指1962年制造的第一台喷射动力汽车。它有长长的流线型车体和三个车轮。

约翰·史塔利（John Starley）（1854—1901）： 是英国发明家，他设计了第一台现代自行车。1885年制造的第一台现代自行车有一个菱形的框架和用锁链驱动的后轮，由脚踏板提供动力。

蒸汽汽车（Steam Car）： 是指由加压的蒸汽提供动力的汽车。19世纪内燃机发明之前，蒸汽汽车很流行。20世纪20年代之后就很少制造了。

"超音速推进"号汽车（Thrust SSC）： 是一辆超音速跑车，使用两台喷气发动机为动力。1997年，它以时速1 227.2千米的成绩成为世界陆上极速纪录冠军汽车，速度比音速还快。

古斯塔夫·土维（Gustave Trouvé）（1839—1902）： 是法国电机工程师，1881年制造了第一台电动汽车。

大众汽车"甲壳虫"（Volkswagen "Beetle"）： 是指1938—2003年间德国生产的一款汽车。名字的意思是"人民的汽车"。它曾经是最畅销的、销售期最持久的汽车。

你知道吗

★ 1769年，第一台机动车——柯诺特汽车诞生。

★ 1817年，第一辆自行车诞生。

★ 1839年，第一辆脚踏板自行车诞生。

★ 1881年，第一台电动汽车诞生。

★ 1885年，第一台汽油动力汽车诞生。

★ 1895年，第一台拥有空橡胶轮胎的汽车诞生。

★ 1908年，第一台价格实惠的汽车——福特T型汽车诞生。

★ 1965年，第一台喷气动力汽车——"美国精神"号汽车诞生。

★ 1997年，"超音速推进"号成为第一台突破音障的汽车诞生。

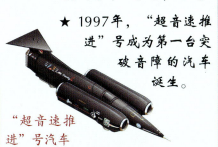

"超音速推进"号汽车

一辆现代电动汽车

汽车零部件 Parts of a Car

所有现代汽车都有同样的特征。轮毂和悬架可以让汽车平稳开动；发动机提供的动力通过传动装置转到轮毂；燃料和排气系统给发动机提供燃料，排出废气；电气系统为发动机的火花塞、灯和其他电气设备提供电力。所有汽车零部件由一个钢体壳支撑，钢体壳还能起到保护驾驶员和乘客安全的作用。

加速器（Accelerator）：汽车驾驶员脚踩的踏板，也就是常说的"油门"。通过这个脚踏板，驾驶员能够控制进入发动机的燃料量，从而调节车速。

交流发电机（Alternator）：是指一种转换装置，它能将汽车发动机提供的动能转换成汽车用的电能。

蓄电池（Battery）：是指能够启动汽车的电源。蓄电池里有浸在酸中的铅板，能产生强大电流启动发动机。

凸轮轴（Camshaft）：是指汽车发动机里的旋转装置，当它开关阀门时，能让气体和燃料进来，并排出废气。

曲轴（Crankshaft）：是指一种汽车装置，它能让活塞的上下运动变成旋转运动。通过传动装置，带动车轮转动。

气缸（Cylinder）：是发动机的部件，活塞在里面上下运动。汽车发动机里的气缸越多，汽车的动力就越强。

仪表盘（Dashboard）：是指位于汽车驾驶员座位前面的显示屏，显示燃油使用程度、速度以及控制汽车的前灯、冷暖装置和雨刷器。

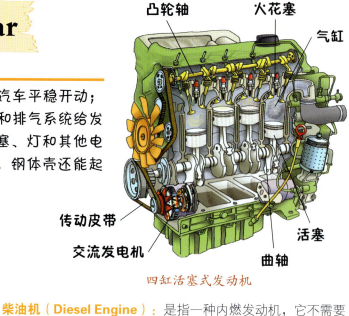

凸轮轴　火花塞　气缸
传动皮带　活塞
交流发电机　曲轴

四缸活塞式发动机

柴油机（Diesel Engine）：是指一种内燃发动机，它不需要电火花点燃燃料，是通过加压产生热量而燃烧其燃料（柴油）的。

盘式刹车（Disc Brakes）：是指汽车轮毂里的刹车片与刹车盘在刹车时相互作用，直到车轮停止转动的刹车方式。当驾驶员踩刹车踏板时，刹车片抓紧刹车盘，使车轮减速。驾驶员脚踏的力量会增加制动缸里流体的压力，反过来，流体的压力迫使活塞把刹车片推向刹车盘。

鼓式制动（Drum Brakes）：是指一种刹车系统，被称为"蹄"的制动元件压紧轮毂里的制动鼓来实现刹车。鼓式制动被用在老式车的后轮。

排气（Exhaust）：排气管把发动机产生的废气排出车外。

齿轮（传动装置）（Gears）：是指连接发动机到车轮上的一组齿轮。汽车处于低速挡时，车轮转动得比机轴慢。汽车低速行驶时，产生更大的扭力。要换挡时，驾驶员在活动变速杆前，先要推上离合器，使齿轮脱离发动机。

鼓式刹车　油箱　排气管　变速杆　刹车踏板　盘式刹车　发动机　曲轴　散热器　悬架　蓄电池

汽车内部构造（英国、日本等地使用的右侧驾驶的车型）

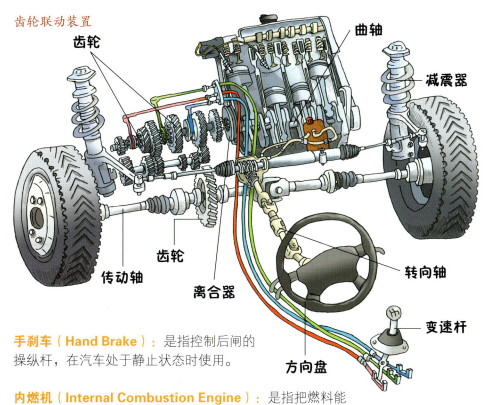

齿轮联动装置
齿轮
曲轴
减震器
齿轮
传动轴
离合器
转向轴
方向盘
变速杆

手刹车（Hand Brake）：是指控制后闸的操纵杆，在汽车处于静止状态时使用。

内燃机（Internal Combustion Engine）：是指把燃料能转化为动能的发动机。燃烧气缸里的燃料和空气，引起重复性爆炸从而驱动活塞。活塞带动机轴运转，传动给车轮，最终使汽车能够行驶。大多数发动机是以四冲程为一个工作循环（见示意图）。

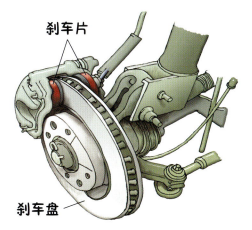

刹车片
刹车盘

踏板（Pedals）：是指驾驶员脚下的一组脚踏板，踩压踏板是为了换挡（离合器）、刹车（闸）或者加速（油门器）。

汽油发动机（Petrol Engine）：是指一种以汽油为燃料的内燃机，用电火花点燃汽油燃料。

活塞（Piston）：是指罐头形状的汽车部件，位于发动机的气缸里，上下运动。

散热器（Radiator）：是指让汽车发动机保持冷却的装置。把水泵入水通道，吸收发动机的热量，然后热水把发动机的热量带回到散热器，散热器把热量散发到空气中。

火花塞（Spark Plug）：是指一种电子装置，用来点燃发动机气缸里的燃料。

方向盘（Steering Wheel）：是指用来控制汽车转向的轮盘。方向盘通过转向轴与车轮连接，转向轴连接在齿条和齿轮上。齿轮（小齿轮）和齿条（一个锯齿状的棒）是连接在一起的，可以把转向轴向左或向右移动。

悬架（Suspension）：是指由弹性元件和减震器组成的一个系统构件，和车轮相连以保证汽车能平顺地行驶。弹簧能缓和或抑制不平路面引起的振动和冲击，而减震器能降低弹簧的运动幅度。

轮胎（Tyre）：是指安装在金属轮辋上，接地滚动的圆环形弹性橡胶制品。是把细绳和线裹在橡胶里做成的，（使用时）要填充压缩空气。

四冲程循环
1 进气阀打开让燃料和气体进入气缸
2 把空气和燃料压缩到气缸的顶部
3 火花点燃燃料和空气的混合物，迫使活塞向下运动
4 排气口打开，排出废气

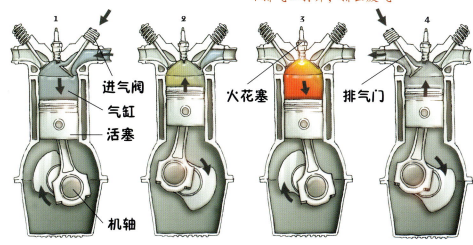

1　2　3　4
进气阀
气缸
活塞
火花塞
排气门
机轴

飞行的历史 Story of Flight

第一次载人飞行是1783年通过热气球实现的。120年之后，莱特兄弟第一次驾驶可操控的动力飞机飞上了天空。在这之后，航空技术开始迅猛发展。20世纪20年代，第一条客运航线形成，使人们能够快速地到达世界各地。自从第二次世界大战结束和喷气式飞机发明以来，每年有数百万人搭乘喷气式客机进行远距离航行。

"布莱里奥" 11 号

法尔芒 "巨人" 号飞机
F-AE AU

马丁 B-10 轰炸机

伊尔 2 强击机

道格拉斯 DC-3

"蒙戈菲尔" 热气球

飞艇（Airship）： 一种流线型气球，充满像氢这样的轻气体，由发动机驱动，方向舵导向。直到20世纪40年代，人们还用飞艇进行载客飞行，即便是今天，也能偶尔看到它的身影。

旋翼飞机（Autogyro）： 是指由西班牙工程师谢巴在1923年设计的航空器。是一种利用飞机向前飞行时的相对气流吹动旋翼自转以产生升力的飞机，旋翼位于驾驶员座舱上方。

贝尔X-1型飞机（Bell X-1）： 是指第一架飞行速度超过音速的飞机，速度1 299千米/小时。装有火箭发动机的贝尔X-1型试验机在1947年首次突破声障，创下了这个纪录。

双翼飞机（Biplane）： 是指装有两对机翼的飞机，20世纪40年代之前被广泛使用。

"布莱里奥" 11号飞机（Blériot XI）： 是指法国人路易·布莱里奥（1872—1936）驾驶的飞机。1909年，他驾驶"布莱里奥" 11号成功地完成了人类首次驾驶重于空气的飞行器飞越英吉利海峡。

协和式飞机（Concorde）： 是指第一架和唯——种速度超过音速的客机。1969年研制成功，它只用了其他客机一半的时间就能跨越大西洋。2000年发生坠机事件之后，在2003年停止使用。

"哈维兰彗星" 型客机（De Havilland Comet）： 是指第一种以喷气发动机为动力的商用飞机，1949年首次飞行。

法尔芒 "巨人" 号飞机（Farman Goliath）： 是指由法尔芒飞机公司改装的一战的轰炸机，是第一批商用客机之一。

福克DR.I号飞机（Focker DR.I）： 是指1917年德国制造的战斗机。它有一种装置能保证机枪开火时，不会击中自己的螺旋桨，福克DR.I是第一架装有这种装置的战机。

滑翔机（Glider）： 是指一种没有动力的飞机。早期滑翔机的开发是为了证明人们能操纵和驾驶重于空气的机器飞行。今天，滑翔机主要用于体育运动。

滑翔机上的奥托·李林塔尔

亨克尔He-178飞机（Heinkel He-178）： 是世界上第一架涡轮喷气发动机（➡21）飞机，于1939年首次飞行。

热气球（Hot-air Balloon）： 是指充满热气的气球，用燃烧器加热。热气球之所以能升空是因为加热的空气比周围的空气密度低。从气球中释放热气可让气球下降。热气球飞行时，乘客待在气球下面的吊舱里。热气球没有导向装置。

奥托·李林塔尔（Otto Lilienthal）： （1848—1896）德国工程师，他曾多次滑翔飞行。

马丁B-10型飞机（Martin B-10）： 是指第一架全金属制造和全封闭驾驶员座舱的轰炸机。最早造于1932年。

单翼机（Monoplane）： 是指装有一对机翼的飞机。自从20世纪30年代以来，单翼机已成为最普遍的飞机设计结构。

莱特 "飞行者" 1号的第一次飞行

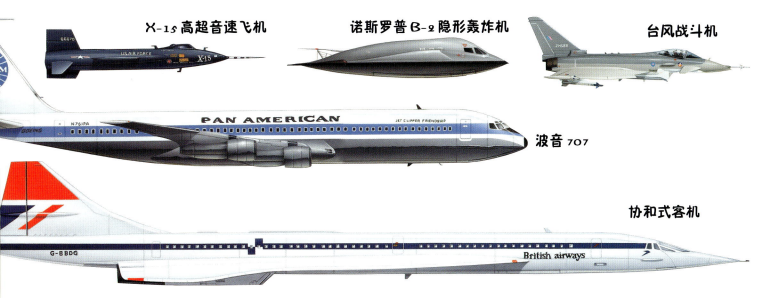

X-15高超音速飞机　　诺斯罗普B-2隐形轰炸机　　台风战斗机

波音 707

协和式客机

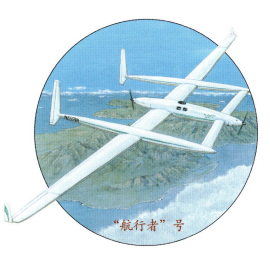

"航行者"号

蒙戈菲尔兄弟（Montgolfier Brothers）：一对法国兄弟：约瑟夫·米歇尔·蒙戈菲尔（1740—1810）和雅克·艾帝安·蒙戈菲尔（1745—1799）。1783年，他们的热气球成为第一架完成载人飞行的航空器。

伊戈尔·西科尔斯基（Igor Skiorsky）（1889—1972）：俄裔美籍航空工程师，研发了第一架成功的直升机。他又设计了世界上第一架四引擎飞机——"俄罗斯勇士"号。

"圣路易精神"号飞机（Spirit of St Louis）：全金属飞机，是查尔斯·林德伯格（1902—1974）专门为第一次单人不着陆跨大西洋飞行设计的飞机。这次飞行历时33小时，并为林德伯格赢得了25 000美元。

"航行者"号飞机（Voyager）：是第一架没有续加燃油就环游世界的飞机。它有长长的机翼，1986年，它历时9天完成了环游世界飞行。

三翼飞机（Triplane）：是指装有3对机翼的飞机，直到20世纪20年代早期一直都很流行。

贝尔X-1超音速飞机

莱特兄弟（Wright Brothers）：美国的一对兄弟：维尔伯·莱特（1867—1912）和奥维尔·莱特（1871—1948），这对兄弟是人类历史上第一架动力飞机的发明者。

莱特"飞行者"1号飞机（Wright Flyer 1）：汽油发动机飞机，1903年由莱特兄弟制造。这是第一架重于空气的飞行器，它进行了第一次有动力装置的、有人操控的飞行，驾驶员在前面驾驶飞机。

隐形飞机（Stealth Aircraft）：是指可以躲避敌方雷达侦测的军用飞机，隐形飞机能避开攻击，用于侦察敌方的飞机和船只。

飞船

X-15型高超音速飞机（X-15）：由火箭驱动的飞机，是为了研究高速飞行而造的。1967年，它创下了现今世界航空飞行速度纪录，速度是7 273千米/小时。

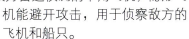

飞行简史

★ 1783年，"蒙戈菲尔"热气球第一次载人飞行。

★ 1852年，第一艘飞艇起飞。

★ 1903年，莱特兄弟进行了第一次有人操控的汽油发动机驱动飞行器的飞行。

★ 1909年，路易·布莱里奥完成了人类首次驾驶飞行器飞越大片水域的飞行。

★ 1923年，第一架旋翼飞机起飞。

★ 1927年，查尔斯·林德伯格进行了第一次单人不着陆的跨大西洋的飞行。

★ 1947年，贝尔X-1型飞机飞行速度超过了音速。

★ 1952年，第一架喷气式发动机客运班机开始运营。

★ 1967年，X-15型高超音速飞机创下了现在的世界飞行速度纪录。

★ 1970年，第一架宽体客机开始商业服务。

飞机 Aircraft

螺旋桨

飞机主要是指各种各样的飞行器。飞机和直升机都是重于空气的飞行器。它们需要机翼或旋转器产生向上的力，也就是升力，把它们升到空中。发动机提供向前的力，称作推力。飞机的大小不同，从小的单座飞机到大的客机。它们都有一个长长的机体，叫作机身，机身上附有一套机翼。机翼和机尾上的控制翼面能够移动改变飞机的方向。飞机后部的垂直尾翼和水平尾翼能使飞行保持平衡。一组机轮用来起飞和着陆。

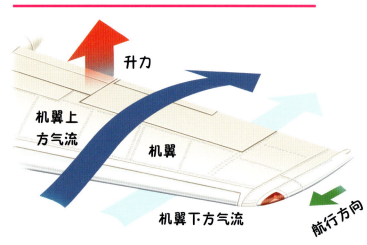

升力

机翼上方气流

机翼

机翼下方气流

航行方向

翼形（Aerofoil）： 是指飞机机翼的形状，设计翼形是为了产生升力。把机翼的上面设计成曲线形状，是因为当飞机开动时，曲线形的机翼上方的气流比下方的气流流动快。这样，在机翼的上方会产生较低气压，从而产生升力。

副翼（Ailerons）： 是指飞机机翼的操纵面。它们的升起或落下能使飞机滚转。

空中客车A380（Airbus A380）： 是最大的客机，能容纳500多名旅客，一次加油就能飞行超远距离。

客机（Airliner）： 是指载送旅客的飞机。

自动驾驶仪（Autopilot）： 是指自动飞行控制系统，它能不断地调整飞机的控制键，保持引航员设定的航道、速度和高度。

黑匣子（Black Box）： 是指安装在驾驶座舱里的飞行记录仪。在撞击事件中，它能被恢复，从而揭示事故的原因。

客舱（Cabin）： 是指飞机内部搭载旅客的地方。

"韦斯特兰海王"式直升机

驾驶员座舱（Cockpit）： 是指靠近机头的部分，是控制和航行系统所在的位置。客机上的驾驶员座舱叫作驾驶舱。

操纵面（Control Surfaces）： 是指飞机上的襟翼，能变动控制方向。操纵面包括副翼、方向舵和升降舵。

升降舵（Elevator）： 是指铰接在水平尾翼后缘，可以上下偏转，操纵飞机俯仰运动的舵面，即操纵飞机抬头或低头。

战斗机（Fighter Jet）： 是指快速、灵活的军用飞机，和其他战斗机一起战斗或拦截敌人的轰炸机。

襟翼（Flaps）： 是指安装在机翼边缘部分的一种翼面形可动装置。飞机起飞和着陆时，可用襟翼来伸展机翼，增大机翼的曲线轮廓，提供更大的升力。

遥控自动驾驶仪（Fly-by-wire）： 是指由中央计算机系统控制的电传操纵系统，飞机操纵系统和操纵面通过电子数据线或"总线"连接。

塞斯纳182"天巷"，轻型飞机

机身（Fuselage）： 是指飞机长长的身体。

直升机（Helicopter）： 是指用主旋翼（➡21）升起，用尾旋转翼控制定向运动的飞机。它能向前、向后或向两侧飞行，能垂直起飞或着陆。

大型喷气式客机（Jumbo Jet）： 是指由喷气式发动机驱动的宽体飞机。

起落装置（Landing Gear）： 是指在地面上支撑飞机的机轮和减震器。

升力（Lift）： 是指能支撑飞机在空中飞行向上的力。

轻型飞机（Light Aircraft）： 是指由活塞发动机驱动的小型飞机。轻型飞机大多用于娱乐或学习飞行。它们的飞行速度能达到200千米/小时。

大型喷气式客机的内部结构

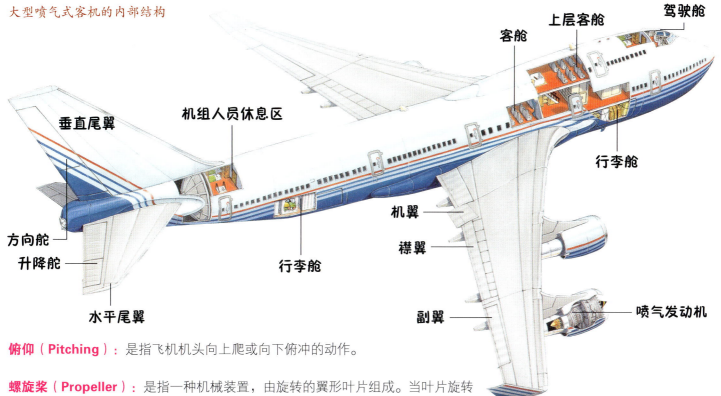

垂直尾翼

机组人员休息区

上层客舱

客舱

驾驶舱

行李舱

方向舵

升降舵

水平尾翼

行李舱

机翼

襟翼

副翼

喷气发动机

俯仰（Pitching）：是指飞机机头向上爬或向下俯冲的动作。

螺旋桨（Propeller）：是指一种机械装置，由旋转的翼形叶片组成。当叶片旋转时，其前面的空气比后面的空气运动速度快。把空气吸到螺旋桨周围，牵引叶片和飞机前行。

雷达（Radar）：一种侦察目标的系统，是通过发射无线电波和接收反弹的"回波"来进行侦察。雷达用于探测其他飞行物或即将到来的暴风雨。

方向舵（Rudder）：是指安装在垂直尾翼上的舵面，通过左右摆动来控制飞机偏航运动。

F-16战斗机

水上飞机（Seaplane）：是指能在水上起飞和着陆的飞机。它们用巨大的漂浮装置代替机轮在水面上滑行。

扰流板（Spoiler）：是指安装在机翼上面的铰接舵面。当它升起时，会降低升力，增加阻力，使飞机降速。

垂直尾翼（Tailfin）：是指直立于飞机尾部大的翼面。用于阻止飞机偏航，保持飞机直线飞行。

轻型飞机的控制装置（见下）。主飞行显示器①显示高度、速度和角度。多功能显示器②监控各系统和发动机。自动驾驶控制板③是驾驶员用来设定航道、速度和高度的

你知道吗

★ 现代飞机应用计算机相当广泛，大多数飞行时段，飞行员要做的就是时刻关注监测仪，检查所有系统是否工作正常。

★ 由铝合金制造的大型喷气式客机的外壳只有5毫米厚。

★ 用在大型喷气式客机外表上的涂料重达270千克。

★ 空中客车A380是世界上最宽的飞机，客舱宽6.58米。

水平尾翼（Tailplan）：是指位于飞机后部的水平机翼。用来保持飞机水平飞行，阻止飞机俯仰。

推力（Thrust）：是指飞机发动机提供的作用力。推力推动飞机向前运动，克服向后的拖力。

偏航（Yawing）：是指飞机向右或向左转的动作。

宽体飞机（Wide-body Aircraft）：是指有两条旅客通道的客机，机身宽度一般为五六米。

19

喷气式发动机 Jet Engines

在喷气式发动机里，空气从前端进入风机。风机中旋转叶片压缩空气，并和燃料混合在一起，在燃烧室里燃烧。燃烧产生的热烟气从发动机后部高速排出，带动涡轮机转动。通过发动机的空气运动提供向前的推力。就像气球一样，如果气球里的空气突然释放，气球会向前射出。喷气式发动机种类很多，包括涡轮喷气发动机、涡轮螺旋桨发动机和涡轮轴发动机。一些客运班机、军用飞机、导弹和一些快速船只都用喷气式发动机提供动力。

燃烧室（Combustion Chamber）： 喷气发动机的一个部件。在燃烧室里，氧气和煤油混合燃烧。燃烧室里的温度能达到2 700℃。大多数燃烧室都镶有陶瓷涂层，可以抗热。

压缩机（Compressor）： 是喷气发动机用来压缩空气的装置。它由很多组旋转叶片组成，把空气挤入越来越小的空间里，然后把空气送到燃烧室里。

整流罩（Cowling）： 是覆盖飞机喷气发动机的夹层机构，像斗篷一样。整流罩很轻，外形呈流线型，通常是铝做成的。

排气（Exhaust）： 指从发动机喷出的热气。从喷气发动机后面喷出的热气为飞机提供了向前的推力。

煤油（Kerosene）： 是一种无色、高度易燃的燃油，常被用作喷气发动机的燃料。

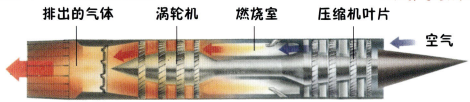

涡轮喷气发动机

排出的气体　涡轮机　燃烧室　压缩机叶片　空气

加力燃烧室（Afterburner）： 又称作后燃器，是喷射引擎的附加装置之一。在加力燃烧室里，通过燃烧附加燃料来耗尽残留在排出废气中没有燃烧的氧气。

进气口（Air Intake）： 是指喷气发动机吸入空气的部件。喷气发动机在没有氧气的太空里是不能运转的。

外涵通道（Bypass Duct）： 是指用于流通气流的涡旋风扇喷气发动机的部件。外涵通道绕过发动机的中心，与发动机后部排出的气体连通。

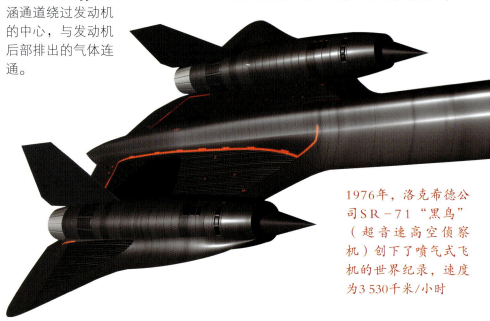

1976年，洛克希德公司SR-71"黑鸟"（超音速高空侦察机）创下了喷气式飞机的世界纪录，速度为3 530千米/小时

涡旋风扇喷气发动机

整流罩　压缩机叶片　涡轮机

风扇　进入的空气　外涵通道　燃烧室　排出的热气

间歇燃烧喷射发动机（Pulse-jet Engine）： 是指一种简单的喷气发动机，采用间歇性或"脉动式"的燃烧方式。空气通过阀门进入发动机，然后关上阀门。当热气排出时，发动机的压力减小，阀门打开，让更多的空气进来。间歇燃烧喷射发动机一般用于无人驾驶的飞机。二战期间，它们用于V-1飞行炸弹或者"蚁狮"导弹。

冲压式喷气发动机（Ramjet）： 是指一种没有旋转部件的简式发动机。它利用向前运动把空气挤入或"灌入"发动机里。因为它们只能以速度320千米/小时或多一点的速度运转，所以冲压式喷气发动机需要另一架飞机发射。它们主要用于导弹。

水平旋翼（Rotor）：是指安装在直升机顶上长长的旋转叶片，用来提供升力。叶片的形状像曲线形飞机机翼（◀19）。当叶片旋转时，向下推动空气，带动飞机上升。通过把主旋翼向左或向右倾斜，飞行员就能改变飞机航线。

涡轮机（Turbine）：是引起流体旋转的机械装置，流体指的是液体或气体。喷气发动机里的涡轮机是通过排气运动转动的。涡轮机的转动又驱动了压缩机运转。

涡轮喷气发动机（Turbojet）：是一种喷气发动机，热气快速从发动机后部排出。在涡轮喷气发动机里，所有吸到发动机里的空气都会流过燃烧室。涡轮喷气发动机不能自己启动，它们必须由外部发动机开启才能转动。

涡轮螺旋桨发动机（Turboprop）：是指通过传动轴驱动螺旋桨的喷气发动机。传动轴是通过涡轮机的转动带动旋转的。一些小的客机和运输机都是由涡轮螺旋桨发动机提供动力的。

Power Jets W.2涡轮喷气发动机是弗兰克·惠特尔在20世纪40年代早期研发的

一架装有涡轮轴发动机的海上救援直升机

涡轮风扇喷气发动机（Turbofan）：是一种喷气发动机，进入的冷空气走旁通道绕过燃烧室和涡轮机。这样使涡轮风扇喷气发动机比其他发动机散热更好，消音效果更佳，更强大以及燃料效率更高。涡轮风扇喷气发动机大多用在商用客机和军用飞机上。

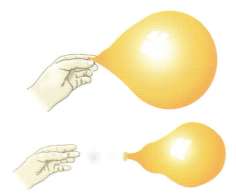

气流从气球中跑出的力使它向相反的方向冲出。喷气发动机的工作原理就是这样的

涡轮轴发动机（Turboshaft）：是指一种喷气发动机，用一台附加的涡轮机转动传动轴，比如驱动直升机的旋翼。直升机旋翼的速度不依赖于涡轮机的转动速度。

汉斯·冯·奥安（Hans Von Ohain）（1911—1998）：德裔美国工程师，研发了早期的喷气发动机，并试制了第一架由喷气推力驱动的飞机。

弗兰克·惠特尔爵士（Whittle Sir Frank）（1907—1996）：是英国飞行员和工程师，1930年设计并获得第一台涡轮喷气发动机的专利权。1941年惠特尔喷气发动机取得了第一次成功飞行。

你知道吗

★ 20世纪30年代，喷气发动机分别在德国由汉斯·冯·奥安，以及在英国由弗兰克·惠特尔研发。

★ 1939年，第一架喷气飞机"亨克尔"He-178作为德国空军的战机之一飞上长空。

★ 1941年，第一架喷气式战斗机"梅赛施密特"Me-262，在德国制造。

★ 1949年，"勒杜克"010——世界上第一架冲压式喷气发动机驱动的飞机，进行首次飞行，获得成功。

★ 1970年，第一架喷气动力宽体客机波音747开始营运。

★ 1976年，洛克希德公司的SR-71"黑鸟"创下了喷气式飞机世纪速度纪录，速度为3 530千米/小时。

"梅赛施密特"Me-262喷气式战斗机

（主旋翼、旋转斜盘（把飞行员的控制键连接到旋翼）、水平旋翼、驾驶员座舱、发动机进气口防护装置、漂浮箱、涡轮轴发动机、热气体、排气口、绞车钢丝绳，用于拉升病人）

宇宙飞船的历史 Story of Spacecraft

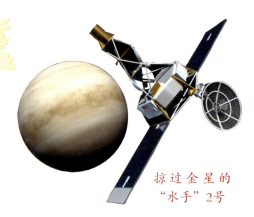

掠过金星的"水手"2号

发射到地球轨道上的人类第一颗人造地球卫星是苏联发射的"斯普特尼克"1号（SPUTNIK 1）卫星。从那时起，在苏联和美国之间展开了"太空竞赛"。1961年，当苏联成功地发射了第一颗载人地球卫星时，美国总统约翰·肯尼迪宣称，20世纪60年代结束之前，美国将载人登上月球。1969年7月20日，美国适时地进行了第一次登陆月球活动。从此以后，大多数的太空探测都是由无人驾驶的太空探测器完成的。

"阿波罗"计划（Apollo Programme）： 又称"阿波罗"工程，是指1961—1972年间，美国组织实施的一系列太空探险工程，最终完成了人类第一次载人登月飞行。"阿波罗"11号在1969年7月20日成功登月。之后的5次"阿波罗"太空飞行让更多的宇航员登上了月球。

尼尔·阿姆斯特朗（Neil Armstrong）（1930—2012）： 是1969年7月第一个登上月球的美国宇航员。

"卡西尼-惠更斯"号（Cassini-Huygens）： 是指1997年美国国家航空航天局、欧洲空间局和意大利航天局的一个合作项目，目的是研究土星环及其卫星。2005年，"卡西尼"探测器发射了降落在土星卫星"太阳神"表面的"惠更斯"登陆探测器。登陆器利用降落伞来降低落地速度，实现了软着陆。

"哥伦比亚"号（Columbia）： 第一艘可重复使用的宇宙飞船。1981年，在美国第一次发射。它执行了28次单独的太空飞行任务。

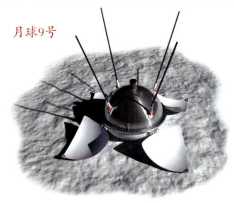

月球9号

尤里·加加林（Yuri Gagarin）（1934—1968）： 苏联宇宙飞行员，1961年4月，成为太空第一人，即第一个进入太空的地球人。

"伽利略"号（Galileo）： 美国太空探测器。1995年，成为第一个在木星轨道上运行的探测器。它携带一台小探测器，并将其发射到木星的大气层。

"双子星"7号（Gemini 7）： 是指第一次载人飞船的飞行任务，这次飞行持续了好几天。1965年，美国实施了"双子星"7号飞行任务。其目的是为了研究长期太空飞行对人体的影响。

罗伯特·戈达德（Robert Goddard）（1882—1945）： 美国发明家，他于1926年制成了世界上第一枚液体燃料火箭。这枚火箭用液化气做燃料，高度达到12.5米。

哈勃太空望远镜（Hubble Space Telescope）： 是作为一颗卫星，在轨道上环绕地球运行的望远镜。它于1990年被成功发射到太空。它收到的图片不会

"斯普特尼克"1号（Sputnik 1）卫星是绕地球轨道运行的第一颗人造地球卫星。重量只有83千克

① 指挥舱
② 服务舱
③ 登月舱
④ 第三级燃料箱
⑤ 第二级燃料箱
⑥ 第一级燃料箱
⑦ 火箭发动机

"土星"5号（美国运载火箭）（右）

"东方"号（苏联载人飞船）

V-2火箭（德国的弹道导弹）

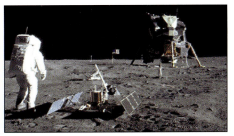

在月球表面的"阿波罗"登月舱

受到天气和污染的影响，而由地面望远镜拍摄的影像会受到这些因素的影响，降低影像的质量。

坐在载人控制装置里的宇航员

莱卡犬（Laika）：是一条苏联的小狗，1957年11月，它成为第一个进入太空轨道的地球生物。

阿列克谢·列昂诺夫（Alexei Leonov）：（1934—）是苏联宇航员，世界上第一位在太空行走的人。1965年，他系着安全带，离开"上升"2号飞船，在舱外太空中停留了12分钟。

"月球"9号（Luna 9）：是指1966年苏联发射的一颗月球探测器，它是世界上第一颗在月球上成功实现软着陆的月球探测器。它的保护罩打开之后，向地球发回了月球的全景照片。

月球探险车（Lunar Roving Vehicle）：是由电池驱动的四轮车，在过去3次"阿波罗"号月球探险任务中使用的车辆。月球探险车又被称为"月球车"，是第一辆载人外星车。

月球探险车

"麦哲伦"号太空探测器（Magellan Space Probe）：是指1989年发射的美国太空探测器，它利用雷达系统透过厚实的大气层，测绘出金星上的物体图像。

"水手"2号（Mariner 2）：是指美国发射的人类第一个成功接近其他行星的空间探测器。1962年，它掠过金星，并获得了金星表面的资料。

布鲁斯·麦克坎德雷斯（Bruce McCandless）：（1937—）是第一个不系安全带在太空中行走的人。他坐在椅子样的小装置里行走于太空，这种装置被称为"载人控制装置"，装有气动力推进器。

"先锋"计划（Pioneer Missions）：是指20世纪70年代，美国的一系列到木星、土星和金星的太空探测任务。"先锋"10号是第一个离开太阳系的人造飞行探测器。

"土星"5号（Saturn V）：又被称为"神农"5号，是为"阿波罗"计划建造的运载火箭。它是多级可抛式火箭，即当一级的燃料燃尽时，就会自动落下，逐级进行。

"斯普特尼克"1号（Sputnik 1）：是指1957年苏联发射的世界上第一颗人造地球卫星，在轨道中度过了92天。

瓦伦蒂娜·捷列什科娃（Valentina Tereshkova）：（1937—）是苏联宇航员。1963年，她成为世界上第一位进入太空的女宇航员。当时，她乘"东方"6号飞船绕地球轨道飞行了48圈。

"礼炮"1号空间站

V-2火箭（V-2 Missile）：是1942年10月发射的人类第一颗太空人造弹道导弹。德国的V-2高14米，由液体燃料驱动。在第二次世界大战中，被用作远程导弹。

"海盗"号项目（Viking Programme）：又被称作"维京"号计划。是1975年美国发射到火星上的两个空间探测器。"海盗"1号和"海盗"2号是第一批成功在火星上着陆，并带回数据的探测器。

"东方"号发射器（Vostok Launcher）：是指运载"斯普特尼克"1号卫星到太空去的俄罗斯火箭。

"航行者"号计划（Voyager Programme）：是指20世纪80年代，美国发射太空探测器到木星、土星、天王星和海王星的太空飞行任务。

23

你知道吗

★ 1929年，第一枚液体燃料火箭制造成功。

★ 1942年，V-2火箭成为第一颗太空人造弹道导弹。

★ 1957年，苏联发射了第一颗人造地球卫星。

第一枚火箭

★ 1961年，尤里·加加林进行了第一次驾驶宇宙飞船的飞行。

★ 1963年，瓦伦蒂娜·捷列什科娃成为世界上第一位进入太空的女宇航员。

★ 1965年，阿列克谢·列昂诺夫进行了第一次太空行走。

★ 1969年，尼尔·阿姆斯特朗成为第一个离开地球路上月球的人。

★ 1971年，人类第一个太空站启动。

"海盗"1号（空间探测器）

宇宙飞船 Spacecraft

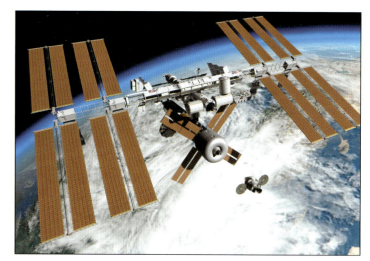

国际空间站

太空距离地球表面约100千米远，但人们却很难到达那里。因为喷气发动机在氧气稀薄的地方不能运行，所有飞机都不能在太空飞行。宇宙飞船采用火箭发动机，不依赖空气中的氧气。为了摆脱地球引力的束缚，宇宙飞船必须达到每小时4万千米的最低速度。一旦进入太空，就可以关掉飞船的发动机了。因为那里没有空气阻力让它减速，所以宇宙飞船能保持惯性前行。

宇航员（Astronaut）：是指驾驶宇宙飞船或在太空进行试验研究的人。在俄罗斯，宇航员被称为"太空人"。

助推火箭（Booster Rocket）：是一种捆绑在较大火箭上的小型火箭，可以增加火箭运载的推力。当燃料烧尽时，它会与火箭分离，降落回地面，它可以回收再利用。

宇宙速度（Escape Velocity）：又称逃逸速度，是指宇宙飞船的速度。宇宙飞船必须达到4万千米/小时的运动速度，才能摆脱地球引力的束缚，进入太空。

国际空间站（International Space Station, ISS）：是指在距地面350千米的地球轨道上运行的航空站。它由分离的模块构成，里面是实验室和生活空间。国际空间站的第一部分是1998年发射的，其他组成部分是在后来的太空发射任务中加上的。太阳能电池板为国际空间站提供电能。

24

轨道机动系统（Orbital Manoeuvring System, OMS）：是指捆绑在航天飞机轨道飞行器上的两个小型发动机。它们被快速点燃来引导轨道飞行器进入正确轨道。当轨道飞行器返回地面时，轨道机动系统会减速以便飞行器安全着陆。

轨道飞行器（Orbiter）：是指宇航员乘坐的航天飞机的翼状部件。当它返回地面时，它会放下机轮，像飞机一样在跑道上着陆。

有效载重舱（Payload Bay）：是指在宇宙飞船上装载如人造卫星之类物品的地方。

火箭发动机（Rocket Engine）：是指一种发动机，燃烧燃料产生气流，以相反的方向驱动发动机。宇宙飞船一般由火箭运载到太空，没有空气，火箭发动机也能运转。

一枚太空火箭

- 有效载重舱里的人造卫星
- 液体氢气燃料箱
- 液体氧气燃料箱
- 火箭发动机（第二级）
- 液体氧气燃料箱
- 煤油燃料箱
- 固体燃料助推火箭发动机
- 火箭发动机（第一级）

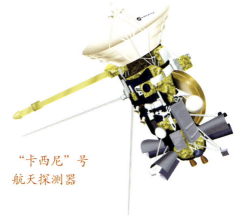

"卡西尼"号航天探测器

太空车（Rover）：是指用来在月球或者行星表面探险的车。太空车是机器人装置，安装有摄像机和传感器，能在地球上操控。

人造卫星（Satellite）：是指绕地球轨道运行的人造仪器。

"勇气"号太空车，2004年登陆火星

航天飞机的飞行

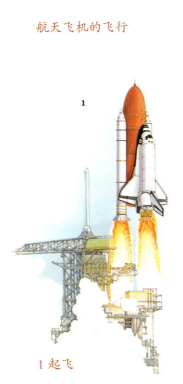

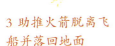

1 起飞

2 助推火箭和主发动机把飞机发射到天空

3 助推火箭脱离飞船并落回地面

4 外部燃料箱的燃料烧尽后，轨道飞行器把它丢弃

5 宇航员用轨道飞行器的遥控机器人手臂来发射人造卫星

6 机动轨道系统使轨道飞行器降速，以便它降落回到地面

7 轨道飞行器逐渐减速下降，像飞机一样滑向跑道

服务舱（Service Module）： 是指宇宙飞船里的隔间，具有生活供应系统，例如氧气和采暖。

太阳电池板（Solar Panel）： 是指能把太阳的热和光转换成电能的装置。

航天探测器（Space Probe）： 是指无人驾驶的宇宙飞船，在地球操纵，用来照相和收集数据。一些探测器靠近或登陆其他行星和月亮的表面。

"猎户座"飞船，是为未来向金星派送宇航员而设计的

太空梭（Space Shuttle）： 也叫航天飞机，是指可重复使用的航天器，像火箭一样飞进太空，然后又像飞机一样飞回地面。发射时，捆绑着一个大的燃料箱和两个助推器。一旦它们的燃料用完，它们就与航天器脱离。太空梭能把人造卫星运送到轨道。它们也能够载人去取回或维修人造卫星，或做实验。

太空站（Space Station）： 是指发射到太空中的绕轨道运行的实验室。在太空站里，宇航员们做实验，观察人们长期待在太空会有何反应，以及植物和动物如何克服很低的地球引力等。

太空服（Space Suit）： 是指保护宇航员免受太空极热和极冷的气温、辐射和快速运动小陨石伤害的服装设备。

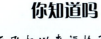

航天飞机

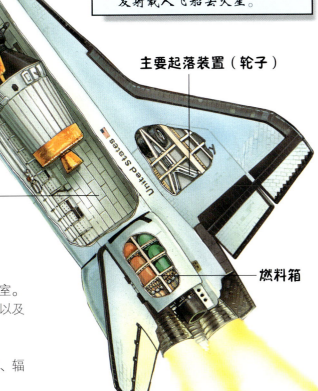

宇航员舱

人造卫星

有效载重舱

主要起落装置（轮子）

燃料箱

你知道吗

★ 航天飞机以来福枪子弹10倍的速度飞向太空。

★ 航天飞机的燃料以20万升/分钟的速度燃烧。它起飞后不到15分钟就会用完燃料。

★ 国际太空站是最大的人造卫星。因为它的体积很大，而且自带的太阳能电池板会反射出足够明亮的光，人们用肉眼就能看见它。

★ 美国计划2025年之前派宇航员登陆小行星，到21世纪30年代发射载人飞船去火星。

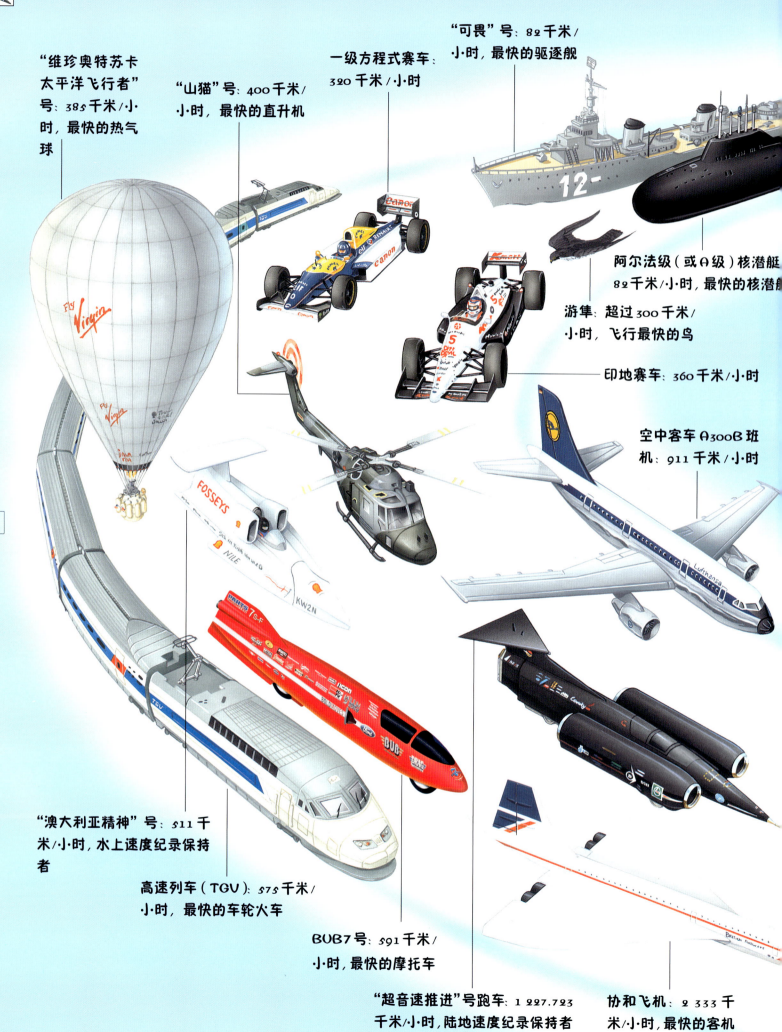

"维珍奥特苏卡太平洋飞行者"号：385 千米/小时，最快的热气球

"山猫"号：400 千米/小时，最快的直升机

一级方程式赛车：320 千米/小时

"可畏"号：82 千米/小时，最快的驱逐舰

阿尔法级（或 A 级）核潜艇：82 千米/小时，最快的核潜艇

游隼：超过 300 千米/小时，飞行最快的鸟

印地赛车：360 千米/小时

空中客车 A300B 班机：911 千米/小时

"澳大利亚精神"号：511 千米/小时，水上速度纪录保持者

高速列车（TGV）：515 千米/小时，最快的车轮火车

BUB 7 号：591 千米/小时，最快的摩托车

"超音速推进"号跑车：1 227.723 千米/小时，陆地速度纪录保持者

协和飞机：2 333 千米/小时，最快的客机

竞赛自行车：
72千米/小时

赛马：69千
米/小时

"美国"号：66
千米/小时，最
快的远洋班轮

J类赛艇：56
千米/小时

"温泉关"号：39
千米/小时，最快
的快速帆船之一

纪录保持者 Record Holders

除了专门设计用来打破纪录的船只，和其他交通工具相比，航海速度冠军都比其他交通工具慢。即使最快的帆船也被赛马落在后面。只有最快的战舰和潜艇能超过竞赛自行车的速度，但是任何家庭轿车都会轻易超过它们

（＊图例不是按比例绘制）

人造机器所取得的最快速度都是在太空实现的，因为太空没有空气降低物体的速度。用于观察太阳的无人驾驶的太空探测器"太阳神"B号保持着人造物体前所未有的速度纪录：252 800千米/小时。以那样的速度飞行的宇宙飞船在一个半小时内就会到达月球。阿波罗10号的宇航员们——美国宇航员托马斯·斯塔福德、尤金·塞尔南和约翰·杨，保持着人类飞行的最快速度。1969年5月26日，当他们的指挥舱从月球返回地球时，创造了这一纪录。

洛克希德SR-71"黑
鸟"：3 530千米/小时，
最快的喷气式飞机

"阿波罗"10号指挥舱：39 897千米/
小时，人类飞行的最快速度保持者

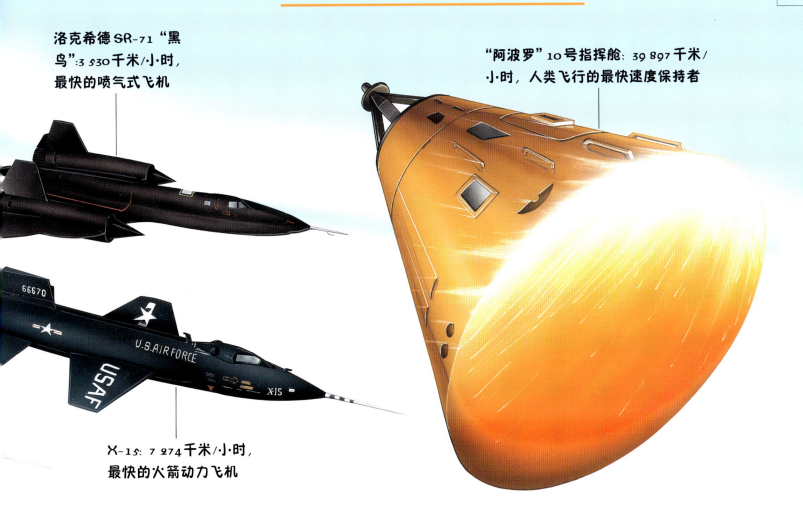

X-15：7 274千米/小时，
最快的火箭动力飞机

图书在版编目（CIP）数据

繁忙的交通 / (英) 尼古拉斯·哈里斯著；徐淑玉译. —
沈阳：辽宁科学技术出版社, 2018.5
 （少年儿童百科全书）
ISBN 978-7-5591-0035-1

Ⅰ. ①繁… Ⅱ. ①尼… ②徐… Ⅲ. ①交通工具 – 少儿读物 Ⅳ. ①U-49

中国版本图书馆CIP数据核字(2016)第287646号

出版发行：辽宁科学技术出版社
 　　　　　（地址：沈阳市和平区十一纬路25号　邮编：110003）
印 刷 者：辽宁新华印务有限公司
经 销 者：各地新华书店
幅面尺寸：230mm × 300mm
印　　张：3.5
字　　数：100千字
出版时间：2018年5月第1版
印刷时间：2018年5月第1次印刷
责任编辑：姜　璐
封面设计：大　禹
版式设计：大　禹
责任校对：唐丽萍

书　　号：ISBN 978-7-5591-0035-1
定　　价：25.00元

联系电话：024-23284062
邮购咨询电话：024-23284502
E-mail：1187962917@qq.com
http：//www.lnkj.com.cn